Cocina Italiana

50 RECETAS DE PASTA

Chef Carlo Cattaneo

Título: Cocina italiana: 50 recetas de pasta

Autor: Carlo Cattaneo

Índice

Prefacio

En este libro de cocina, presento dos de los ingredientes más famosos e importantes de la cocina italiana: la pasta y el arroz.

En mi carrera como chef he preparado miles y miles de platos de pasta y arroz, desde los más tradicionales hasta los más innovadores.

Estas recetas tienen un nivel de dificultad medio-bajo y son aptas para todo el mundo. Puedes cocinar en la comodidad de tu casa, con pocos ingredientes y a bajo coste.

Espaguetis con ajo, aceite y guindilla

TIEMPO: 10 MINUTOS

DIFICULTAD: FÁCIL

Ingredientes:

400 gramos de espaguetis (para 4 personas)

1 diente de ajo

5 cucharadas de aceite

4 chiles sin semillas

10 gramos de perejil

Procedimiento

1: Hervir una olla de agua con sal. Cuando hierva, vierta los espaguetis.

2: Verter el aceite en una sartén junto con el ajo y la guindilla.

3: Sofreír el ajo hasta que se dore y retirarlo.

4: Tome una taza de agua de cocción de la pasta.

5: Verter los espaguetis en la sartén y terminar la cocción, vertiendo el agua de cocción poco a poco.

6: Espolvorear con perejil y servir.

Rigatoni espárragos, queso gorgonzola y tocino

TIEMPO: 20 MINUTOS

DIFICULTAD: FÁCIL

Ingredientes:

400 gramos de rigatoni (para 4 personas)

50 gramos de gorgonzola

12 espárragos

30 gramos de tocino

3 cucharadas de aceite

1 diente de ajo

Pimienta

Queso parmesano rallado

Procedimiento

1: Lavar los espárragos, cortar la parte más dura y hervirlos durante 3 minutos en abundante agua con sal.

2: Retira los espárragos, colócalos en un plato y vierte los rigatoni en el agua de cocción de los espárragos.

3: En una sartén, dorar los ajos en el aceite y retirarlos cuando estén dorados.

4: Cortar el tocino en dados y verterlo en el aceite.

5: Cortar los espárragos, ya fríos, en trozos pequeños y ponerlos en el aceite junto con el tocino.

6: Poner el queso gorgonzola en trozos grandes en la sartén y dejar que se derrita a fuego lento, añadiendo un poco de agua de cocción.

7: Escurrir los rigatoni en la salsa y espolvorear con un poco de pimienta y parmesano rallado.

Linguine con marisco

TIEMPO: 25 MINUTOS

DIFICULTAD: FÁCIL

Ingredientes:

800 gramos de linguini (para 8 personas)

1 cebolla

1kg de mejillones

1kg de almejas

10 camarones

10 vieiras

10 pulpos

50 ml de vino blanco

10 gramos de perejil

pimienta

Procedimiento

1: Lavar el marisco y eliminar la arena.

2: Poner la cebolla en una sartén con aceite caliente. Dejar que se dore durante 3 minutos.

3: Añadir los mejillones y las almejas, desglasar con vino blanco y esperar a que se abran.

4: Añade las gambas y deja que se mezclen.

5: Hervir una olla de agua y añadir los linguini. Cuando estén cocidos, viértelos en la sartén y mézclalos con la salsa.

6: Servir adornado con perejil y pimienta.

Risotto con setas porcinas

TIEMPO: 30 MINUTOS

DIFICULTAD: MEDIA

Ingredientes:

400 gramos de arroz (para 4 personas)

50 gramos de mantequilla

1 cebolla

50 gramos de setas porcinas

50 ml de vino blanco

1 litro de caldo de verduras

50 gramos de queso parmesano

Procedimiento

1: Derretir la mantequilla en un cazo. Añadir la cebolla y dejar que se dore durante 5 minutos.

2: Añadir el arroz y tostarlo durante 3 minutos.

3: Poner las setas previamente lavadas en la olla. Verter el vino blanco y dejar que se evapora a fuego fuerte.

4: Verter el caldo de verduras poco a poco, removiendo continuamente. Sigue haciéndolo hasta que el arroz esté cremoso.

5: Apaga el fuego. Espolvorear con queso parmesano y dejar reposar dos minutos antes de servir.

Espaguetis a la carbonara

TIEMPO: 15 MINUTOS

DIFICULTAD: FÁCIL

Ingredientes:

400 gramos de espaguetis (para 4 personas)

100 gramos de guanciale

4 huevos

100 gramos de queso pecorino

20 gramos de queso parmesano

pimienta

Procedimiento

1: Romper los huevos y poner las yemas en un bol.

2: Poner el queso pecorino rallado y el parmesano junto con los huevos y mezclar hasta formar un puré muy espeso.

3: Cortar el guanciale en dados y ponerlo en una sartén sin aceite: su grasa debe derretirse.

4: Poner el agua a hervir y verter los espaguetis.

5: Cuando los espaguetis estén casi cocidos, viértelos en la sartén con el guanciale. Apagar el fuego y verter la mezcla de huevo y parmesano, junto con un vaso de agua de cocción.

6: Terminar con una pizca de queso pecorino y mucha pimienta.

Pasta trofie con pesto alla genovese

TIEMPO: 20 MINUTOS

DIFICULTAD: FÁCIL

Ingredientes:

400 gramos de trofie

20 hojas de albahaca

100 gramos de queso pecorino rallado

50 gramos de piñones

1 diente de ajo

3 patatas

50 gramos de judías verdes

pimienta

Procedimiento

1: En un mortero poner el diente de ajo y machacarlo, pimienta y sal. A continuación, añadir las hojas de albahaca y batirlas. Luego los piñones y batirlos, echando un poco de aceite de vez en cuando. Por último, el queso. La mezcla debe ser ligeramente granulada.

2: Limpiar las patatas y hervirlas junto con las judías verdes durante 5 minutos, luego verterlas en una sartén con 4 cucharadas de aceite.

3: En el agua de cocción de las patatas y las judías verdes, verter la trofie y cocinar durante 3 minutos.

4: Escurrir el trofie en la sartén y saltear.

5: Apagar el fuego, verter el pesto en la pasta y mezclar bien antes de servir.

Bucatini con salsa pesto siciliana

TIEMPO: 20 MINUTOS

DIFICULTAD: FÁCIL

Ingredientes:

400 gramos de bucatini (para 4 personas)

1 diente de ajo

100 gramos de ricotta

20 hojas de albahaca

5 tomates secos

50 gramos de queso parmesano rallado

20 gramos de piñones

pimienta

Procedimiento

1: En un mortero poner el diente de ajo y batirlo, pimienta y sal. A continuación, añadir los tomates secos y romperlos. Luego las hojas de albahaca y batirlas. Luego los piñones y batirlos, echando un poco de aceite de vez en cuando. Por último, la ricotta y el parmesano. La mezcla debe ser cremosa.

2: Hervir una olla con agua y verter los bucatini.

3: Cuando la pasta esté casi cocida, escúrrela y ponla en una sartén. Verter el pesto y rehogar a fuego lento durante 3 minutos.

4: Dar un toque de pimienta y queso parmesano antes de servir en la mesa.

Tortiglioni a la putanesca

TIEMPO: 20 MINUTOS

DIFICULTAD: FÁCIL

Ingredientes:

400 gramos de tortiglioni (para 4 personas)

10 tomates cherry

1 diente de ajo

10 gramos de alcaparras

40 gramos de aceitunas negras

4 anchoas

1 cucharada de chile

10 gramos de perejil

Procedimiento

1: Poner el diente de ajo en una sartén con abundante aceite y dorarlo, luego retirarlo.

2: Verter los filetes de anchoa en la sartén y dejar que se derritan, rompiéndolos con una cuchara de madera.

3: Verter los tomates cherry cortados por la mitad en la sartén y calentar a fuego medio.

4: Hervir una olla con agua salada y verter los tortiglioni.

5: En la sartén con los tomates, verter las alcaparras y las aceitunas picadas.

6: Cuando la pasta esté cocida, escúrrela en la sartén junto con un vaso de agua de cocción. Mezclar la pasta y espolvorear con perejil antes de servir.

Paccheri con salchicha y brócoli

TIEMPO: 15 MINUTOS

DIFICULTAD: FÁCIL

Ingredientes:

400 gramos de paccheri (para 4 personas)

1 salchicha grande

50 gramos de brócoli

Una cucharada de chile

Una cucharada de tomillo

Una cucharada de romero

Pimienta

Procedimiento

1: Verter los paccheri en una olla con agua hirviendo. Los Paccheri tienen un tiempo de cocción largo (20 minutos).

2: Retirar las tripas de la salchicha y cortarla en trozos. Ponerlo en una sartén con abundante aceite y freírlo junto con la guindilla, el tomillo y el romero.

3: En otra olla, hierve el brócoli durante 5 minutos y escúrrelo en la sartén con la salchicha.

4: Cuando la pasta esté cocida, escúrrela en la sartén y remuévela bien durante 5 minutos junto con un vaso de agua de cocción. Espolvorear con pimienta y queso parmesano de su elección.

Penne rigate con nueces y queso

TIEMPO: 15 MINUTOS

DIFICULTAD: FÁCIL

Ingredientes:

400 gramos de penne rigate (para 4 personas)

30 gramos de mantequilla

1 diente de ajo

50 gramos de nueces

100 gramos de queso taleggio

5 hojas de salvia

1 ramita de romero

Pimienta

Queso parmesano rallado

Procedimiento

1: Derretir la mantequilla en una sartén con el diente de ajo y la ramita de romero. Una vez que estén dorados, retírelos.

2: En una olla con agua hirviendo poner a cocer la pasta.

3: Poner el queso taleggio en trozos y las hojas de salvia en la sartén. Abrir las nueces, desmenuzarlas y juntarlas con el queso.

4: Escurrir la pasta en la sartén y añadir un vaso de agua de cocción para formar una crema.

5: Terminar con una espolvoreada de queso parmesano, pimienta y algunas nueces.

Risotto de Manteca de cerdo y trufa

TIEMPO: 30 MINUTOS

DIFICULTAD: MEDIA

Ingredientes:

400 gramos de arroz Carnaroli (para 4 personas)

50 gramos de mantequilla

10 gramos de trufa

1 cebolla

50 gramos de manteca de cerdo

50 ml de vino blanco

1 litro de caldo de verduras

50 gramos de queso parmesano

Procedimiento

1: Derretir la mantequilla en un cazo. Añadir la cebolla y dejar que se dore durante 5 minutos.

2: Añadir el arroz y tostarlo durante 3 minutos.

3: Poner la manteca en trozos y dejar que se derrita.

4: Verter el caldo de verduras poco a poco, removiendo continuamente. Sigue haciéndolo hasta que el arroz esté cremoso.

5: Apaga el fuego. Espolvorear con el queso parmesano y dejar que se cree durante dos minutos. Terminar con las virutas de trufa.

Penne lisce salmón y pesto de aceitunas

TIEMPO: 15 MINUTOS

DIFICULTAD: FÁCIL

Ingredientes:

400 gramos de penne normal (para 4 personas)

100 gramos de salmón ahumado

20 gramos de piñones

20 gramos de aceitunas taggiasca

20 gramos de queso pecorino rallado

1 diente de ajo

Pimienta

Procedimiento

1: Coge un mortero. Vierta el ajo, la sal y la pimienta y bátalos. A continuación, verter las aceitunas taggiasca y batirlas, añadiendo el aceite poco a poco. Verter los piñones y batirlos. Al final verter el queso pecorino rallado.

2: En una sartén con abundante aceite poner el diente de ajo y dejar que se dore durante dos minutos, luego retirarlo.

3: Desmenuzar el salmón ahumado y ponerlo en la sartén con el aceite, bajando el fuego.

4: En una olla con agua hirviendo verter los penne lisos. Después de 10 minutos, escúrralos en la sartén con el salmón.

5: Poner el pesto encima y remover. Terminar con un poco de pimienta.

Ensalada de pasta fría

TIEMPO: 10 MINUTOS

DIFICULTAD: FÁCIL

Ingredientes:

400 gramos de pasta corta al gusto (para 4 personas)

2 wusterl

20 gramos de aceitunas

50 gramos de jamón

1 pimienta

20 gramos de guisantes

20 gramos de maíz

Procedimiento

1: En una olla grande con agua hirviendo cocer la pasta. Una vez cocido se aclara bajo agua fría, se añade más sal y se deja enfriar en una sopera.

2: Cortar el wusterl en rodajas, el jamón en tacos y los pimientos en trozos pequeños.

3: Verter los ingredientes en la sopera de pasta, mezclar bien y meter en la nevera. Añadir sal al gusto. Servir después de media hora.

Fusilli con lentejas

TIEMPO: 20 MINUTOS

DIFICULTAD: FÁCIL

Ingredientes:

400 gramos de fusilli (para 4 personas)

100 gramos de lentejas

1 zanahoria

1 cebolla

1 diente de ajo

30 gramos de puré de tomate

1 ramita de romero

pimienta

Procedimiento

1: Calentar el aceite en una sartén y rehogar la cebolla, la zanahoria y el ajo durante 5 minutos.

2: Verter el tomate, subir el fuego y cocinar durante 10 minutos.

3: Añadir las lentejas y la ramita de romero, espolvorear con pimienta.

4: Cocer los fusilli en una olla con agua hirviendo. Una vez cocidos, escurrirlos en la sartén junto con un vaso de agua de cocción.

5: Retirar la ramita de tomillo y poner un chorrito de aceite por encima.

Farfalle con pesto de nueces

TIEMPO: 15 MINUTOS

DIFICULTAD: FÁCIL

Ingredientes:

400 gramos de farfalle

50 gramos de nueces

50 gramos de ricotta

50 gramos de queso pecorino

20 gramos de nata

10 gramos de queso ricotta salado

1 diente de ajo

pimienta

Procedimiento

1: Coge un mortero. Echa el ajo, la sal y la pimienta y machácalos.

2: Abrir las nueces y romper algunas en trozos, otras dejarlas enteras. Echar las nueces enteras en el mortero y batirlas, añadiendo el aceite poco a poco. A continuación, vierta la ricotta y la nata, mezclando todo para que quede cremoso.

3: Verter los farfalle en una olla con agua hirviendo. Cuando estén cocidos, colóquelos en un bol.

4: Verter sobre el pesto. Añadir un vaso de agua de cocción, espolvorear con queso pecorino y virutas de ricotta salada. Añadir las nueces desmenuzadas y más pimienta al gusto.

Original Fettuccine Alfredo

TIEMPO: 20 MINUTOS

DIFICULTAD: FÁCIL

Ingredientes:

400 gramos de fettuccine (para 4 personas)

50 gramos de mantequilla

50 gramos de queso parmesano rallado

20 gramos de nata

10 gramos de cebollino

pimienta

Procedimiento

1: Poner cinco cucharadas de aceite en una sartén. Una vez calentado el aceite, verter la nata, la mantequilla y el queso parmesano y cocinar durante 10 minutos hasta que se forme una crema espesa.

2: En una olla con agua hirviendo cocer los fetuccini durante 3 minutos.

3: Escurrir los fettuccine en la sartén junto con medio vaso de agua de cocción. Saltear durante dos minutos.

4: Espolvorear con más parmesano, pimienta y cebollino.

Risotto de cebada y judías

TIEMPO: 30 MINUTOS

DIFICULTAD: MEDIA

Ingredientes:

400 gramos de arroz Arborio (para 4 personas)

1 cebolla

50 gramos de mantequilla

100 gramos de cebada

100 gramos de judías borlotti

1 litro de caldo de verduras (apio, zanahoria, cebolla)

Queso parmesano rallado

pimienta

Procedimiento

1: En una cacerola derretir la mantequilla, dorar la cebolla y poner el arroz a tostar durante 3-4 minutos, con cuidado de no quemarlo.

2: Hervir las zanahorias, el apio y las cebollas durante 20 minutos para hacer un caldo de verduras.

3: Verter el caldo lentamente en la olla y seguir removiendo hasta que el caldo sea absorbido por el arroz.

4: Calentar el aceite y un diente de ajo en una sartén. Retirar los ajos y poner las judías a calentar durante 5 minutos.

5: Cuando falten dos minutos para que se cueza el arroz, pon la cebada y las judías juntas y sigue removiendo.

6: Apagar el fuego, cremar con queso parmesano, añadir pimienta y servir.

Paccheri con salchicha y friarielli de Campania

TIEMPO: 20 MINUTOS

DIFICULTAD: FÁCIL

Ingredientes:

400 gramos de paccheri (para 4 personas)

2 salchichas de cerdo negro

1 diente de ajo

Una cucharada de chile

100 gramos de friarielli

50 gramos de queso pecorino rallado

pimienta

Procedimiento

1: Calentar el aceite en una sartén con la guindilla y el ajo. Cuando los ajos estén dorados, retíralos y ponlos en los friarielli.

2: En una olla con agua hirviendo poner los paccheri. Los paccheri necesitan 20 minutos de cocción.

3: Cortar la salchicha en trozos y ponerla en la sartén junto con los friarielli.

4: Escurrir la pasta y ponerla en la olla con la salsa, dejando que se mezcle.

5: Terminar con pimienta y queso pecorino rallado.

Gnudi toscano

TIEMPO: 20 MINUTOS

DIFICULTAD: FÁCIL

Ingredientes:

400 gramos de espinacas

400 gramos de ricotta

4 yemas de huevo

40 gramos de mantequilla

40 gramos de pan rallado

40 gramos de harina 00

Nuez moscada

Procedimiento

1: Cocer las espinacas en agua hirviendo durante 3 minutos, escurrir el exceso de líquido y dejarlas enfriar.

2: En un bol, mezclar la harina, las yemas de huevo, el queso ricotta, el queso parmesano y la nuez moscada. Mezclar bien y finalmente añadir las espinacas previamente picadas en trozos pequeños.

3: Cortar en bolas gruesas de unos pocos centímetros de diámetro.

4: Ponerlos en una olla con agua hirviendo y cocinarlos durante 2 minutos.

5: Derretir la mantequilla con la salvia en una sartén y poner el gnudi. Servir con un poco de queso parmesano.

Bolígrafos de policía

TIEMPO: 15 MINUTOS

DIFICULTAD: FÁCIL

Ingredientes:

400 gramos de penne rigate

50 gramos de tomate

20 ml de nata

50 gramos de tocino dulce

pimienta

Procedimiento

1: Dorar la cebolla en una sartén con abundante aceite.

2: Añade el bacon cortado en dados, deja que se fría y después de 5 minutos añade la salsa de tomate.

3: En una olla con agua salada, cocer la pasta. Tome una taza del agua de cocción y viértala en la sartén.

4: Escurrir la pasta y colocarla en la sartén. Añadir la crema, mezclar bien y servir con una pizca de pimienta.

Rigatoni alla zozzona

TIEMPO: 20 MINUTOS

DIFICULTAD: FÁCIL

Ingredientes:

400 gramos de rigatoni

200 gramos de salchicha

50 gramos de tocino

20 gramos de queso pecorino romano rallado

4 huevos

10 tomates cherry

1 cebolla

pimienta

Procedimiento

1: Picar la cebolla y dorarla en una sartén con abundante aceite.

2: Cortar el guanciale en cubos y ponerlo en la sartén.

3: Retirar la tripa de la salchicha, desmenuzarla y ponerla en la sartén.

4: Añadir los tomates cherry y el pimiento y cocinar a fuego medio hasta que la salsa haya espesado.

5: Romper los huevos y combinar las yemas con el queso pecorino hasta crear un puré espeso.

6: Cocer la pasta en abundante agua con sal y escurrirla en la sartén con la salsa. Apagar el fuego y añadir la crema de huevo.

7: Servir con un poco de pimienta y queso pecorino.

Bucatini con pedos

TIEMPO: 10 MINUTOS

DIFICULTAD: FÁCIL

Ingredientes:

400 gramos de bucatini (para 4 personas)

Una cucharada de chile

4 salchichas

100 gramos de corteza de cerdo

200 gramos de judías borlotti

50 gramos de puré de tomate

100 gramos de tomates pelados

1 cebolla

1 zanahoria

1 apio

1 vaso de vino blanco

Procedimiento

1: Freír la zanahoria, la cebolla y el apio en una sartén con abundante aceite.

2: Sacar la salchicha de la tripa, desmenuzarla y ponerla en la sartén junto con la corteza de cerdo. Rociar con vino blanco.

3: Añadir las judías, el puré de tomate, los tomates pelados y la guindilla. Cocer durante 40 minutos.

4: Cocer los bucatini en abundante agua con sal. Échalos en la pasta y mézclalo todo, terminando con queso pecorino rallado y pimienta.

Fusilli alla carcerata

TIEMPO: 105 MINUTOS

DIFICULTAD: FÁCIL

Ingredientes:

400 gramos de fusilli

200 gramos de salchicha

100 ml de nata

1 cebolla

200 gramos de puré de tomate

1 vaso pequeño de coñac

Una cucharada de chile

Perejil

Procedimiento

1: Picar la cebolla y ponerla a dorar en una sartén.

2: Sacar la salchicha de la tripa, desmenuzarla y ponerla en la sartén.

3: Vierta el coñac. Añadir la salsa de tomate y dejar que la salsa espese durante 15 minutos.

4: Cocer la pasta en abundante agua con sal. Se escurre en la sartén y se añade la nata al mismo tiempo. Mezclar bien.

5: Servir y terminar con chile y perejil.

Pasta alla norma

TIEMPO: 25 MINUTOS

DIFICULTAD: FÁCIL

Ingredientes:

400 gramos de rigatoni

2 berenjenas

1 diente de ajo

10 gramos de albahaca

4 tomates pelados

Requesón salado

Pimienta

Procedimiento

1: Dorar el ajo en una sartén. Corta los tomates en trozos grandes y ponlos en la sartén junto con la albahaca. Cocer durante 15 minutos.

2: Cortar las berenjenas en dados y freírlas en una sartén con abundante aceite. Una vez terminada la fritura, ponlas a secar sobre una hoja de papel de cocina.

3: Cocer la pasta en abundante agua con sal. Escúrralo en la salsa y cocínelo durante otros 2 minutos.

4: Emplatar la pasta y terminar con ricotta.

Spaghetti gricia

DIFICULTAD: FÁCIL

Ingredientes:

400 gramos de espaguetis (para 4 personas)

50 gramos de tocino

50 gramos de queso pecorino rallado

Pimienta

Procedimiento

1: Cortar el guanciale en cubos, quitando la corteza.

2: Ponerlo en una sartén sin añadir aceite y cocinarlo durante 10 minutos. El guanciale debe purgar su grasa.

3: Cocer los espaguetis en agua ligeramente salada. Cuando estén casi cocidos, tomar una taza del agua de cocción y verterla en la sartén del guanciale.

4: Escurrir la pasta en la sartén y poner abundante queso pecorino rallado por encima.

Risotto de calabaza

TIEMPO: 30 MINUTOS

DIFICULTAD: MEDIA

Ingredientes:

400 gramos de arroz Carnaroli

200 gramos de calabaza

50 gramos de mantequilla

1 cebolla

1 litro de caldo de verduras

Queso parmesano rallado

pimienta

Procedimiento

1: En una cacerola se derrite la mantequilla, se dora la cebolla y se pone la calabaza a cocer durante 10 minutos, con cuidado de que no se pegue.

2: Hervir las zanahorias, el apio y las cebollas durante 20 minutos para hacer un caldo de verduras.

3: Poner el arroz en la olla y verter el caldo de verduras poco a poco, removiendo constantemente.

4: Cuando el caldo esté terminado, apaga el fuego y crema el risotto con el queso parmesano. Servir con un poco de pimienta negra.

Risotto con guisantes, jamón y pimentón

TIEMPO: 30 MINUTOS

DIFICULTAD: MEDIA

Ingredientes:

400 gramos de arroz Carnaroli

200 gramos de guisantes

100 gramos de jamón cocido

100 gramos de mantequilla

1 cebolla

1 litro de caldo de verduras

Pimentón

Pimienta negra

Procedimiento

1: En una cacerola se derrite la mantequilla, se dora la cebolla y se ponen los guisantes a cocer durante 5 minutos, con cuidado de que no se peguen. A continuación, añada el jamón picado y cocine durante otros 5 minutos.

2: Hervir las zanahorias, el apio y las cebollas durante 20 minutos para hacer un caldo de verduras.

3: Poner el arroz en la olla y verter el caldo de verduras poco a poco, removiendo constantemente.

4: Cuando el caldo es absorbido todo, apagar el fuego y cremar el risotto con más mantequilla. Espolvorear con pimentón y pimienta negra antes de servir.

Tagliatelle con bacon, rúcula y queso

TIEMPO: 10 MINUTOS

DIFICULTAD: FÁCIL

Ingredientes:

400 gramos de tallarines (para 4 personas)

50 gramos de queso squacquerone

50 gramos de tocino ahumado

20 gramos de rúcula

1 diente de ajo

Pimienta

Queso parmesano rallado

Procedimiento

1: En una sartén, dorar los ajos en el aceite y retirarlos cuando estén dorados.

2: Cortar el tocino ahumado en cubos y añadirlo al aceite. Cocerlo durante 10 minutos.

3: Poner el queso squacquerone en trozos en la sartén y dejar que se derrita a fuego lento, añadiendo un poco de agua de cocción.

4: Escurrir los tallarines en la salsa y espolvorear con un poco de pimienta y queso parmesano.
Desmenuzar la rúcula y esparcirla sobre los tallarines.

Risotto con Barolo

TIEMPO: 30 MINUTOS

DIFICULTAD: MEDIA

Ingredientes:

400 gramos de arroz Carnaroli (para 4 personas)

50 gramos de mantequilla

1 cebolla

2 vasos de vino Barolo

1 litro de caldo de verduras

Queso parmesano rallado

1 hoja de laurel

Procedimiento

1: Derretir la mantequilla en una cacerola, dorar la cebolla y cocer el arroz durante 5 minutos, con cuidado de que no se pegue.

2: Hervir las zanahorias, el apio y las cebollas durante 20 minutos para hacer un caldo de verduras.

3: Vierta el Barolo y deje que se evapore casi por completo. A continuación, comience a verter el caldo.

4: Verter poco a poco todo el caldo, añadir la hoja de laurel y remover continuamente. Añadir sal al gusto.

5: Apagar el fuego y cremar con más mantequilla y queso parmesano rallado.

Risotto de espárragos

TIEMPO: 25 MINUTOS

DIFICULTAD: MEDIA

Ingredientes:

400 gramos de arroz Carnaroli

400 gramos de espárragos

50 gramos de mantequilla

1 cebolla

1 litro de caldo de verduras

Queso parmesano rallado

Procedimiento

1: Hervir las zanahorias, el apio y las cebollas durante 20 minutos para hacer un caldo de verduras.

2: Cortar la parte dura de los espárragos y cocerlos en agua con sal durante unos 5 minutos. Guarda algunas puntas a parte.

3: Derretir la mantequilla en un cazo, dorar la cebolla y cocer el arroz durante 5 minutos, con cuidado de que no se pegue.

4: Añade los espárragos cortados en rodajas.

5: Poco a poco, verter todo el caldo y remover continuamente. Añadir sal al gusto.

6: Apagar el fuego y añadir más mantequilla y queso parmesano rallado. Al final añade las puntas de espárragos sobrantes.

Risotto al azafrán

TIEMPO: 25 MINUTOS

DIFICULTAD: MEDIA

Ingredientes:

400 gramos de arroz Carnaroli (para 4 personas)

50 gramos de mantequilla

1 cebolla

1 sobre de azafrán

1 vaso de vino blanco

1 litro de caldo de verduras

Queso parmesano rallado

Procedimiento

1: Hervir las zanahorias, el apio y las cebollas durante 20 minutos para hacer un caldo de verduras.

2: En una sartén derretir el azafrán en medio vaso de vino blanco.

3: Derretir la mantequilla en un cazo, dorar la cebolla y cocer el arroz durante 5 minutos, con cuidado de que no se pegue.

4: Poco a poco, verter todo el caldo y remover continuamente. Añadir sal al gusto.

5: Verter el azafrán disuelto en el vino y dejar que se evapore.

6: Apagar el fuego y cremar con más mantequilla y queso parmesano rallado.

Espaguetis con scarpariello

TIEMPO: 10 MINUTOS

DIFICULTAD: FÁCIL

Ingredientes:

400 gramos de espaguetis (para 4 personas)

40 gramos de queso pecorino rallado

10 hojas de albahaca

300 gramos de tomates cherry

1 cucharada de chile

Queso parmesano rallado

1 diente de ajo

Procedimiento

1: En una sartén con abundante aceite, poner el diente de ajo y la guindilla. Cuando el ajo esté dorado, retíralo.

2: Corta los tomates cherry por la mitad y colócalos en la sartén. Cocer durante 10 minutos.

3: Cocer los espaguetis en abundante agua con sal. Mientras tanto, añada las hojas de albahaca a la salsa y una taza del agua de cocción.

4: Escurrir la pasta en la sartén, añadir el pecorino, el parmesano y algunas hojas más de albahaca.

Pappardelle con tocino, setas y espárragos

TIEMPO: 25 MINUTOS

DIFICULTAD: FÁCIL

Ingredientes:

400 gramos de pappardelle (para 4 personas)

100 gramos de setas prataioli

10 espárragos

50 gramos de tocino

1 diente de ajo

Pimienta

Queso parmesano rallado

Procedimiento

1: Lavar los espárragos, cortar la parte más dura y hervirlos durante 3 minutos en abundante agua con sal.

2: Sacar los espárragos, colocarlos en un plato y verter los pappardelle en el agua de cocción de los espárragos. Cortar las puntas de los espárragos y reservar.

3: En una sartén, dorar los ajos en el aceite y retirarlos cuando estén dorados.

4: Corta el tocino en dados y échalo en el aceite. Cocerlo durante 10 minutos hasta que quede crujiente.

5: Cortar los espárragos, ya fríos, en trozos pequeños y ponerlos en el aceite junto con el tocino.

6: Poner los champiñones en la sartén junto con una taza del agua de cocción de la pasta.

7: Escurrir los rigatoni en la salsa y espolvorear con un poco de pimienta y parmesano.

Espaguetis con almejas

TIEMPO: 15 MINUTOS

DIFICULTAD: FÁCIL

Ingredientes:

400 gramos de espaguetis (para 4 personas)

400 gramos de almejas

1 diente de ajo

4 chiles sin semillas

10 gramos de perejil

1 vaso de vino blanco

Procedimiento

1: Verter el aceite en una sartén junto con el ajo y la guindilla. Sofreír el ajo hasta que se dore y retirarlo.

2: Enjuaga las almejas asegurándote de eliminar toda la arena. Colóquelos en la sartén.

3: Verter el vaso de vino blanco y esperar a que se abran todos.

4: Hervir una olla de agua con sal. Cuando hierva, vierta los espaguetis.

5: Tome una taza de agua de cocción de la pasta.

6: Verter los espaguetis en la sartén y terminar la cocción durante unos 2 minutos, vertiendo el agua de cocción poco a poco.

7: Espolvorear con perejil y servir.

Penne crescenza, avellanas y queso

TIEMPO: 20 MINUTOS

DIFICULTAD: FÁCIL

Ingredientes:

400 gramos de penne rigate (para 4 personas)

30 gramos de mantequilla

1 diente de ajo

50 gramos de avellanas

100 gramos de queso crescenza

1 burrata

30 ml de nata

Pimienta

Procedimiento

1: Derretir la mantequilla en una sartén con el diente de ajo. Una vez que esté dorado, retírelo.

2: Triturar la burrata y mezclarla con el stracchino y la nata en un bol.

3: En una olla con agua hirviendo poner a cocer la pasta.

4: Desgranar las avellanas, cortarlas en trozos y ponerlas en una sartén para que se tuesten ligeramente.

5: Escurrir la pasta en la sartén. Verter la mezcla de queso y remover con un vaso de agua de cocción para formar una crema.

6: Terminar con una molienda de pimienta y algunas avellanas enteras.

Gnocchi alla sorrentina

TIEMPO: 30 MINUTOS

DIFICULTAD: MEDIA

Ingredientes:

1 kg de patatas

1 huevo

200 gramos de harina 00

20 gramos de sémola

1 diente de ajo

400 gramos de puré de tomate

4 hojas de albahaca

100 gramos de mozzarella

Queso parmesano rallado

Procedimiento

1: Poner las patatas con piel en una sartén y cocinarlas durante unos 30 minutos.

2: En una sartén con abundante aceite poner el diente de ajo, la salsa de tomate y la albahaca. Cocer a fuego lento durante unos 20 minutos.

3: Tamizar la harina sobre una tabla de cortar y machacar las patatas en ella.

4: Verter sobre el huevo mientras las patatas están todavía calientes y mezclar la mezcla, haciéndola homogénea y no demasiado pegajosa. Cúbrelo con un paño.

5: En una olla hervir abundante agua con sal. Tome un trozo a la vez de la masa para crear los ñoquis, espolvoreando un poco de sémola por encima y ayudándose con un tenedor.

6: Poner la salsa en una fuente de horno. Poner los ñoquis en agua hirviendo durante 1 minuto, escurrirlos y ponerlos en la fuente junto con la salsa. Removerlos añadiendo un poco de aceite.

7: Poner encima la mozzarella cortada en dados y el queso parmesano. Hornear a 200 grados y hornear durante 10 minutos.

Bucatini all'Amatriciana

TIEMPO: 15 MINUTOS

DIFICULTAD: FÁCIL

Ingredientes:

400 gramos de espaguetis

200 gramos de guanciale

1 cucharada de chile

200 gramos de tomates pelados

50 gramos de queso pecorino romano rallado

1 vaso de vino blanco

Procedimiento

1: Retirar la corteza del guanciale y cortarla en dados.

2: Hervir abundante agua con sal en una olla.

3: Poner el guanciale en una sartén para freírlo con un poco de aceite y la guindilla.

4: Después de 5 minutos añade el vino blanco y deja que se desvanezca.

5: Retirar el guanciale de la sartén y añadir los tomates. Poner los bucatini en el agua.

6: Una vez cocida, escurrir la pasta en la salsa y añadir el guanciale y el pecorino rallado.

Pasta Orecchiette con nabos

TIEMPO: 25 MINUTOS

DIFICULTAD: FÁCIL

Ingredientes:

400 gramos de orecchiette

500 gramos de grelos

4 filetes de anchoa

1 diente de ajo

20 gramos de pan rallado

Procedimiento

1: Lavar bien los grelos y quitarles las hojas interiores.

2: En una sartén con abundante aceite verter el pan rallado y dejar que se tueste.

3: En una olla de agua hirviendo con sal, hervir los grelos durante 5 minutos.

4: En una sartén con abundante aceite, verter los ajos y los filetes de anchoa y fundirlos con una cuchara de madera. Cuando el ajo esté dorado, retíralo.

5: Una vez que los grelos estén listos, poner la pasta orecchiette en la misma olla y cocinar por otros 3 minutos.

6: Escurrir el contenido de la sartén en la sartén con las anchoas y verter sobre el pan rallado.

Calamarata

Ingredientes:

400 gramos de pasta Calamarata

1 diente de ajo

1 vaso de vino blanco

200 gramos de salsa de tomate

400 gramos de calamar

1 cucharada de chile

10 tomates cherry

Pimienta

perejil

Procedimiento

1: Lavar y limpiar los calamares. Quitar el cartílago y los ojos y cortar muchos anillos de unos 1-2 centímetros de diámetro.

2: En una sartén, freír el ajo y la guindilla en abundante aceite. Verter los calamares y cocinar durante 5 minutos.

3: Verter el vino blanco y pon los tomates cherry que previamente has cortado por la mitad. Después de 5 minutos de cocción, vierta la salsa de tomate.

4: Hervir el agua para la pasta. Cuando la pasta esté cocida, viértela en la sartén y mézclala bien.

5: Antes de servir, espolvorear con pimienta y perejil al gusto.

Fancy Pennette

TIEMPO: 20 MINUTOS

DIFICULTAD: FÁCIL

Ingredientes:

400 gramos de pennette

200 gramos de gorgonzola

50 gramos de mantequilla

100 gramos de tomates

50 gramos de judías verdes

50 gramos de puerros

10 gramos de salvia

pimienta

Procedimiento

1: En una olla con abundante agua salada, cocer los puerros y las judías verdes durante 5 minutos.

2: En una sartén derretir la mantequilla con la salvia, luego añadir los tomates picados y cocinar a fuego lento durante 10 minutos.

3: Vierte la pasta en el agua con las judías verdes y los puerros.

4: Cuando la pasta esté cocida, escúrrela junto con las judías verdes y los puerros directamente en la sartén, añadiendo un vaso de agua de cocción.

5: Esparcir algunos trozos de gorgonzola por encima y cocinar durante otros 3 minutos.

6: Servir y añadir una pizca de pimienta.

Penne al baffo

TIEMPO: 15 MINUTOS

DIFICULTAD: FÁCIL

Ingredientes:

400 gramos de penne integral

200 gramos de nata líquida

100 gramos de jamón cocido

10 gramos de perejil

30 gramos de salsa de tomate

pimienta

Procedimiento

1: Picar el jamón cocido en trozos pequeños y verterlo en una sartén con abundante aceite, friéndolo durante 2 minutos.

2: Verter la nata y el tomate. Dejar que la salsa espese durante 10 minutos.

3: En una olla con abundante agua salada poner los penne. Tome un vaso del agua de cocción y viértalo en la sartén.

4: Escurre la pasta en la sartén y deja que se mezcle durante unos 5 minutos a fuego lento. Terminar espolvoreando la pasta con perejil.

Espaguetis con calabacín, gambas y azafrán

TIEMPO: 10 MINUTOS

DIFICULTAD: FÁCIL

Ingredientes:

400 gramos de espaguetis

300 gramos de gambas

1 chalote

1 vaso de vino blanco

300 gramos de calabacín

1 sobre de azafrán

100 gramos de nata

pimienta

Procedimiento

1: Picar la chalota y ponerla en una sartén con abundante aceite.

2: Lavar los calabacines y cortarlos en rodajas.

3: Lavar las gambas, quitarles la cabeza, las patas y el caparazón. A continuación, haga una incisión y extraiga los intestinos.

4: Poner las rodajas de calabacín en la sartén con la chalota. Después de 2 minutos, añadir las gambas.

5: Vierte el vaso de vino y deja que el alcohol se evapore.

6: Poner los espaguetis en una olla con abundante agua salada. Tome una taza del agua de cocción y viértala en la sartén.

7: Escurrir la pasta en la sartén, añadir el azafrán y más agua de cocción de la pasta. Remover y servir.

Tortiglioni con crema de pimientos

TIEMPO: 15 MINUTOS

DIFICULTAD: FÁCIL

Ingredientes:

400 gramos de tortiglioni (para 4 personas)

200 gramos de tomates

400 gramos de pimientos

10 hojas de albahaca

1 diente de ajo

pimienta

Procedimiento

1: Lavar bien los pimientos, cortarlos en rodajas y quitarles las semillas. Luego, córtalos en cubos.

2: Dorar los ajos en una sartén con abundante aceite y echar los pimientos. Después de 2 minutos de cocción verter el tomate, el pimiento y la albahaca. Cocer durante 15 minutos.

3: Cocer los tortiglioni en abundante agua con sal.

4: Poner el tomate cocido y los pimientos en un vaso y triturar con la batidora.

5: Escurrir la pasta en la sartén, verter la salsa y un vaso de agua de cocción y mezclar durante 2 minutos. Servir con un poco de pimienta.

Pasta y patatas

TIEMPO: 25 MINUTOS

DIFICULTAD: FÁCIL

Ingredientes:

400 gramos de ditaloni

1 kilo de patatas

1 chalote

1 litro de caldo de verduras

50 gramos de tocino ahumado

Tomillo

2 ramitas de romero

pimienta

Procedimiento

1: Picar la cebolla y dorarla en una sartén.

2: Cortar el tocino en dados y añadirlo a la cebolla en la sartén y cocinar durante 10 minutos. Añade también las ramitas de romero.

3: Pele las patatas y córtelas en cubos o redondas. Colóquelos en la sartén y cocínelos a fuego medio durante otros 5 minutos.

4: Vierte el caldo de verduras y espera a que empiece a hervir, entonces vierte la pasta. Cocer juntos durante unos 10 minutos desde que el caldo empieza a hervir.

5: Servir con un poco de tomillo y pimienta.

Passatelli

TIEMPO: 20 MINUTOS

DIFICULTAD: FÁCIL

Ingredientes:

8 huevos (para 4 personas)

200 gramos de queso parmesano

200 gramos de pan rallado

Media cáscara de limón

Nuez moscada

Para el caldo:

50 gramos de carne de pollo

50 gramos de carne de vacuno

1 cebolla

1 apio

1 zanahoria

1 tomate

Procedimiento

1: Preparar el caldo cocinando el pollo y la carne junto con las verduras. La cocción debe durar al menos 2 horas. Después de la cocción, filtrar el caldo a través de un colador y colocarlo en una cacerola.

2: Hacer una mezcla con el pan rallado, los huevos, la nuez moscada, el queso parmesano y un poco de caldo. La mezcla debe ser suave y maleable. Tápelo y déjelo reposar durante dos horas.

3: Triturar los passatelli con un pasapurés y cortarlos con un cuchillo. Colóquelos en una tabla de cortar sin superponerlos.

4: Llevar el caldo a ebullición, verter los passatelli y cocinar durante 2 minutos. Sírvalos en un plato hondo con abundante caldo.

Risotto con crema de langostinos

TIEMPO: 40 MINUTOS

DIFICULTAD: MEDIA

Ingredientes:

400 gramos de arroz Carnaroli (para 4 personas)

1kg de langostinos

1 cebolla

1 limón

30 ml de nata

2 dientes de ajo

20 gramos de brandy

Perejil

Pimienta

Cúrcuma

Procedimiento

1: Lavar los langostinos con agua. Quitar la cabeza y abrir el lomo para sacar el caparazón y los intestinos. No tire el caparazón.

2: Poner el ajo y la cebolla picada en una sartén con abundante aceite. Después de unos minutos, añadir las conchas de los langostinos y rociar con el brandy.

3: En una sartén, dorar un diente de ajo. Añadir los langostinos y cocinarlos durante 5 minutos, dándoles la vuelta varias veces.

4: Poner las cigalas en un recipiente con la nata y un poco de zumo de limón. Triturar con una batidora hasta obtener una crema espesa.

5: Derretir la mantequilla en un cazo. Añade la cebolla picada y dórala durante 5 minutos. A continuación, se añade el arroz y se tuesta durante 3 minutos.

6: Verter el caldo de las cigalas poco a poco, removiendo continuamente. A mitad de la cocción, verter la crema de cigalas y seguir removiendo. Cuando esté cocido, espolvorear el arroz con perejil.

Risotto de fresas

TIEMPO: 30 MINUTOS

DIFICULTAD: MEDIA

Ingredientes:

400 gramos de arroz Carnaroli

1 litro de caldo de verduras

50 gramos de queso de cabra

1 vaso de vino blanco

1 cebolla

50 gramos de mantequilla

50 gramos de fresas

Procedimiento

1: Derretir la mantequilla en un cazo. Añadir la cebolla y dejar que se dore durante 5 minutos.

2: Añadir el arroz y tostarlo durante 3 minutos. Verter el vino blanco y dejar que se evapora a fuego fuerte.

3: Verter el caldo de verduras poco a poco, removiendo continuamente. Sigue haciéndolo hasta que el arroz esté cremoso.

4: Lavar las fresas y cortar las puntas. Córtalos en trozos pequeños.

5: Apaga el fuego. Crema con mantequilla y el queso de cabra rallado. Verter las fresas y mezclar bien para que se combinen los ingredientes.

Pasta al horno

TIEMPO: 20 MINUTOS

DIFICULTAD: FÁCIL

Ingredientes:

400 gramos de macarrones

200 gramos de mozzarella

100 gramos de tocino

50 gramos de queso parmesano rallado

20 gramos de hinojo silvestre

pimienta

Procedimiento

1: Cocer la pasta en abundante agua con sal.

2: Precalentar el horno a unos 190 grados.

3: En una sartén, sin poner aceite, fundir la grasa del guanciale hasta que esté crujiente.

4: Escurrir la pasta antes de que esté cocida. Viértalo en una fuente de horno junto con el guanciale, el queso parmesano y la mozzarella cortada en trozos.

5: Hornear durante unos 15 minutos. Servir caliente.

Espaguetis con limón y mascarpone

TIEMPO: 10 MINUTOS

DIFICULTAD: FÁCIL

Ingredientes:

400 gramos de espaguetis (para 4 personas)

100 gramos de queso mascarpone

2 limones

20 gramos de queso parmesano rallado

20 gramos de mantequilla

Perejil

pimienta

Procedimiento

1: Lavar los limones, pelarlos y cortarlos en rodajas. Retirar las semillas.

2: En una sartén poner la mantequilla a derretir y añadir el limón y un poco de pimienta.

3: Poner el queso mascarpone, la pimienta y un poco de mantequilla en un bol y mezclar durante 5 minutos.

4: En una olla con abundante agua salada cocer los espaguetis. Escurrir la pasta en la sartén y poner un poco de queso parmesano.

5: Añadir la crema de mascarpone, un poco de pimienta y más queso parmesano. Emplatar con un poco de perejil.

Pappardelle del carnicero

TIEMPO: 20 MINUTOS

DIFICULTAD: FÁCIL

Ingredientes:

400 gramos de pappardelle

100 gramos de despojos de pollo

50 gramos de mantequilla

1 hoja de salvia

Queso parmesano rallado

Perejil

1 apio

1 zanahoria

1 cebolla

Procedimiento

1: Lavar los menudillos y picarlos con un cuchillo.

2: Poner en una sartén la mantequilla, el apio, la zanahoria y la cebolla y freírlos.

3: Añadir los menudillos y la salvia. Cocer a fuego lento durante 40 minutos.

4: Cocer los pappardelle en agua hirviendo durante 2 minutos. Escurrir y terminar la cocción en la sartén con los menudillos.

5: Añada el perejil y sirva.

Lightning Source UK Ltd.
Milton Keynes UK
UKHW020656040621
384928UK00011B/794